這個時候怎麼辦？

2

餐桌禮儀

峯村良子 繪著　　唐亞明、崔穎 譯

香港中文大學出版社

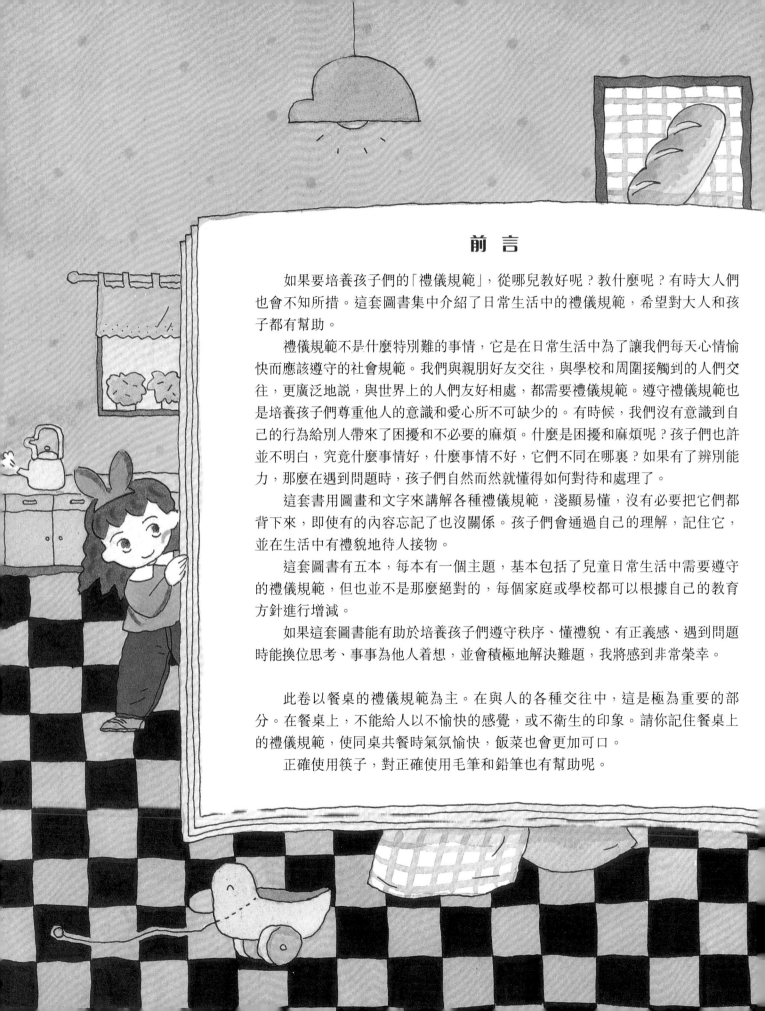

前 言

　　如果要培養孩子們的「禮儀規範」，從哪兒教好呢？教什麼呢？有時大人們也會不知所措。這套圖書集中介紹了日常生活中的禮儀規範，希望對大人和孩子都有幫助。

　　禮儀規範不是什麼特別難的事情，它是在日常生活中為了讓我們每天心情愉快而應該遵守的社會規範。我們與親朋好友交往，與學校和周圍接觸到的人們交往，更廣泛地說，與世界上的人們友好相處，都需要禮儀規範。遵守禮儀規範也是培養孩子們尊重他人的意識和愛心所不可缺少的。有時候，我們沒有意識到自己的行為給別人帶來了困擾和不必要的麻煩。什麼是困擾和麻煩呢？孩子們也許並不明白，究竟什麼事情好，什麼事情不好，它們不同在哪裏？如果有了辨別能力，那麼在遇到問題時，孩子們自然而然就懂得如何對待和處理了。

　　這套書用圖畫和文字來講解各種禮儀規範，淺顯易懂，沒有必要把它們都背下來，即使有的內容忘記了也沒關係。孩子們會通過自己的理解，記住它，並在生活中有禮貌地待人接物。

　　這套圖書有五本，每本有一個主題，基本包括了兒童日常生活中需要遵守的禮儀規範，但也並不是那麼絕對的，每個家庭或學校都可以根據自己的教育方針進行增減。

　　如果這套圖書能有助於培養孩子們遵守秩序、懂禮貌、有正義感、遇到問題時能換位思考、事事為他人着想，並會積極地解決難題，我將感到非常榮幸。

　　此卷以餐桌的禮儀規範為主。在與人的各種交往中，這是極為重要的部分。在餐桌上，不能給人以不愉快的感覺，或不衛生的印象。請你記住餐桌上的禮儀規範，使同桌共餐時氣氛愉快，飯菜也會更加可口。

　　正確使用筷子，對正確使用毛筆和鉛筆也有幫助呢。

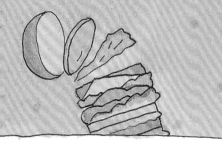

目　錄

在家吃飯

6:30 回家囉

盡可能等家人
一起吃晚飯

準備完了，安靜地等待
大家都坐好

幫助擺放碗筷
布置餐桌

洗手

打噴嚏或咳嗽時
用手擋住嘴
不要讓吐沫飛濺

阿嚏！

大家都坐好了，

吃飯吧！

桌子

和室的

背靠在椅背上

身體挺直
姿勢端正

不去扯桌布

不弄髒桌布

坐姿端正

不要只吃同樣的東西
不挑食
要吃各種各樣的東西

不能輕視食物
不能浪費食物

遵守吃飯的規矩
才能吃得高興
吃得痛快

吃完後
幫助收拾碗筷和餐桌

擺碗筷時
最好的榜樣是奶奶

筷子
筷子架
湯
米飯
醃漬蔬菜
吃的物
煮菜類
燒烤類

把大盤子放在
大家都夠得着
的地方
把菜夾到自己的
小碟子裏吃

吃完飯後要說：

我吃飽了！

不要做的事

伸出，膝
不能把手肘擱在飯桌上

說恐怖的事　　說令人討厭的事　　說不衛生的事

廁所

在人前不要打嗝、放屁

5

平時餐桌上的基本規矩

拿筷子

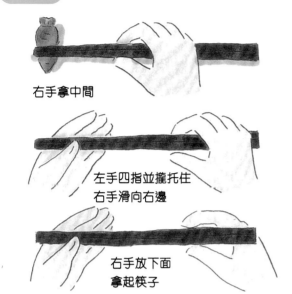

右手拿中間

左手四指並攏托住
右手滑向右邊

右手放下面
拿起筷子

左手離開
右手拿好筷子

即棄筷子的使用方法

兩手拿住筷子的中間
像打開扇子那樣分開

怎樣拿飯碗

飯再熱
這樣拿
就不會覺得燙

碗底

左手四指拼攏托住碗底
拇指輕輕扣着碗邊

接碗的方法

謝謝

兩手捧着碗

遞碗的方法

請再加點兒飯！

右手托着碗底
左手扶着碗
保持穩定
遞碗

這樣拿不好呢，要改！

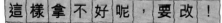

筷子	幾乎不用手指	用兩個手指轉筷子	食指不停	飯碗	拇指伸到碗裏	用兩個手指抓碗
只用拇指和食指夾着筷子			地游動			

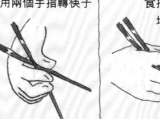

6

米飯的吃法

在吃菜和
喝湯的間隔
一口一口地吃

盡量不要讓米飯粒和菜湯
掉到桌上和衣服上

湯的喝法

湯裏的菜和
湯一起吃

最先喝一口湯
再吃其它飯菜

燉菜的吃法

用筷子把大塊食物，
分成一口能吃下的小塊

不好夾的食物

豆子

用筷子不好夾
就用湯匙

炸雞塊、
蝦或螃蟹等
用手拿着吃

如果弄髒了手
可用餐巾或紙巾擦

生魚片（刺身）的吃法

芥末
放多了
會沖鼻子

取點芥末
放在生魚片上

蘸醬油吃
（若果吃起來不方便，
也可將芥末放到醬油裏蘸着吃）

吃生墨魚絲時
把芥末放在醬油裏
混勻後蘸着吃

不要這樣！

把碗放在桌上用手
扶着吃

用手夾着碗底

不端碗吃飯

吃到嘴裏的東西不
要吐出來

實在吃不下去時，
用紙巾包住扔掉

嘶
嘶
嘶

喝湯時不要
發出聲音

不要光吃自己喜歡的菜
注意營養平衡

一大堆！

基本的用餐禮儀

不能這樣用筷子

晃來晃去

吃哪個菜呢？

當叉子用

哎！

用筷子插食物

同拿兩物

哎！

拿着筷子端別的東西

滴滴答答

滴答滴答……

一邊滴湯一邊吃

擱放碗上

把筷子平行放在飯碗上

舔走食物

用嘴舔走黏在筷子上的食物

用來搔癢

用筷子撓頭

翻找食物

用筷子翻下面的食物

麵包和紅茶

紅茶中含有咖啡因，可以沖得淡一點。

按飯量拿麵包，別眼大肚子小，拿很多卻吃不下

不要用麵包蘸紅茶吃

還有這樣的規矩

盛米的飯先放在桌子上再吃

別接過來馬上吃

若太多吃不下吃前就要減掉分量

筷子傳遞

好……

互相用筷子傳遞食物

口銜筷子

舔一舔……

用口含着筷子

用來比劃

敲打碗碟

乒！

移碗移碟

用筷子指人

用筷子敲碗

用筷子移動碗和碟
請用雙手把碗和碟
移到近處

飯後別忘了說
「我吃飽了！」

我吃飽了！

不要像狗狗那樣吃
不拿碗
只用單手吃

嘴裏塞滿了食物時
不要說話

細嚼
慢咽

別亂攪和
飯碗裏的飯菜

長頭髮要束起來
吃飯時不要用手攏
頭髮

吃剩下的骨頭殘羹
撥在盤子邊上
等待清理

在日式餐廳

日本料理（和食）的基本形式

有一開始就把
所有料理都擺放好的
也有一樣一樣
端出來的

油炸類（揚げ物）

煮菜（煮もの）

天婦羅蘸汁

燒烤類（焼き物）

生魚片
（刺身）

醃漬蔬菜
（香の物、
漬物）

醬油

用醋醃漬的蔬菜
（酢の物）

前菜

米飯

碗

清蒸類
（蒸しもの）

碟

熱的食物趁熱吃
涼的食物趁涼吃
是基本的規矩

日本料理與西餐大都是吃完一道菜後，
撤下盤子，再端上另一道菜，
但是，也有一次全都擺在桌上的。

請

侍應生端來飯菜時
點頭表示謝意

日本料理
與西餐
上菜順序
有什麼不同？

即棄筷子

不要磨擦

不要用嘴咬開

日式餐廳

不在店裏追跑打鬧

湯類

帶蓋的碗
都用這種方法打開

輕輕地
拿着碗蓋
左手擠壓碗邊

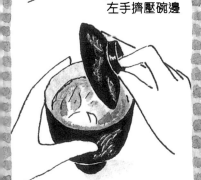

左手扶碗，右手開蓋

一邊喝湯
一邊吃湯裏的菜

喝完湯後蓋好

帶頭尾的魚

從頭部開始向尾部吃

吃完上面的肉把骨頭挑出來
接着吃下面的肉

把吃剩下的集中放在盤子一邊

不能把魚翻過來吃

茶碗蒸

不要攪拌
從表面開始舀着吃

串燒

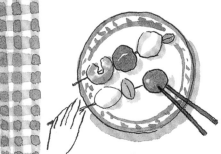

抽出扦子
用筷子吃

海螺

用扦子扎住肉
一邊旋轉一邊
把肉取出來

			兩腿發麻	鞋

要弄髒桌面、食物掉滿桌
讓嘴裏的食物噴出飛濺

掉在桌上的飯菜
不要用手撿起放回盤子裏

保持端正姿勢

兩腿發麻時
立起腳尖
待一會兒
就好了

脫下的鞋
要擺放整齊

13

讓您久等啦!

不大聲喧譁影響別的顧客

不要爬上桌椅

麵泡軟了!

是呀……

麵類放的時間長了不好吃端上來後儘快吃

吃丼物(蓋飯)時飯和菜要均勻吃

不要把味噌湯倒在米飯裏吃

啊嗚

丼物的碗蓋打開後蓋子向上放在桌上吃完後再蓋回去

不要狼吞虎咽

丼物的大碗不用端起來用左手扶着碗邊吃

注意不要碰撒湯碗

哎呀!

蕎麥麵的吃法

把筷子放平,從中間夾取麵就不會纏繞在一起

竹蒸籠

剩下不多時,把筷子立起來更容易夾麵

麵的調料

吃的時候可以出聲

簌簌……

蕎麦麵湯

把蕎麥麵湯加到剩下的調料裏就是美味的湯

不要用筷子去夾

如果不要芥末一開始時就告訴店裏的人

只拿自己吃得下的量

不要用手摸不是自己的壽司

好！

久等了！

點菜的方法

一個一個點
可以點到想吃的但是不知結帳時的價錢

點套餐
價格清晰可以放心享用

壽司店有很多特殊的叫法很有意思

給小朋友分到小碟裏吃

熱茶 注意燙傷！
阿嘎力（あがり）

醋漬酸薑
嘎力（がり）

壽司上的海鮮
內它（ねた）

和大人一起吧

現訂現捏兩個為一組
（1貫）

米飯 霞力（しゃり）
還有其它各種叫法

用手拿着吃
用餐巾擦過手後用拇指和中指拿着壽司的兩端

用食指按住反過來蘸上醬油

一口吃下去分兩口吃時注意不要讓壽司散了一口咬斷

用筷子吃
先把內它（海鮮）蘸上醬油放回原狀再吃

生魚片

15

有領班在門口等着
就讓領班帶你入坐

有大行李時
交給侍應生保管
或放在空椅子上
太大的行李就放在
椅子旁邊

餐廳的座位

不要站在椅子上

不要把腳放
在桌子上

不要向後
翹椅子

不要反騎在椅子上

入座

被領到座位時
等待應生幫你
拉出椅子後
順勢坐下

手袋放在身後

小朋友用餐時
防止菜湯等弄髒衣服
最好把餐巾圍在胸前

用餐巾

注意
方向

打開放在桌上的餐巾
對折放在大腿上

餐　巾

不要斜靠在椅背上

吃飯時不玩玩具，不看書

不舔嘴巴周圍

食物留在嘴上時
輕輕按住擦掉

吃飯途中
要離開座位時
將餐巾放
在椅子上

再若無
其事地去廁所

把餐巾放在桌上
是表示吃完了

17

使用順序

按擺放的順序
從外向裏使用

唉？

用錯了也
不要慌
繼續吃

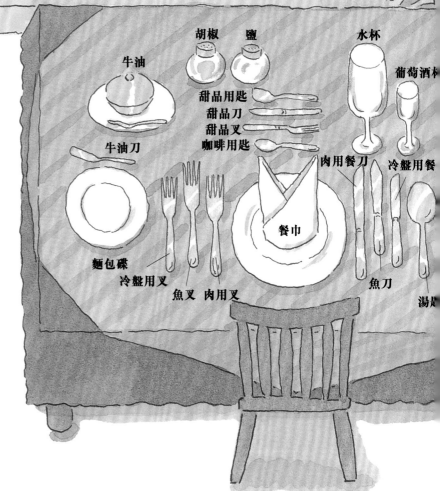

胡椒　鹽　　　水杯

牛油　　　　　　　　葡萄酒杯

甜品用匙
甜品刀
甜品叉
咖啡用匙

牛油刀　　　　　　　　　　肉用餐刀　　冷盤用餐匙

餐巾

麵包碟　　　　　　　　　　魚刀

冷盤用叉　　　　　　　　　　　　　湯匙

魚叉　肉用叉

拿法

餐刀

切魚的餐刀和
需要用力切肉的餐刀
拿法不同

切魚的餐刀
和湯匙的拿法相同

切肉的餐刀
用食指壓在刀柄上

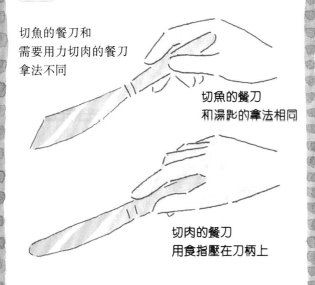

叉子

左手拿叉子時
尖端向下

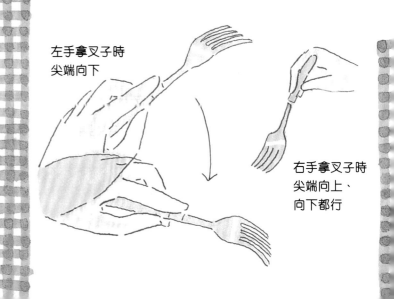

右手拿叉子時
尖端向上、
向下都行

餐刀和叉子的放法

正在吃

吃完後刀叉平行
放置盤中

舔……

不舔刀叉

咯吱　咯吱

不弄出聲音

哈哈！

不要揮舞刀叉

餐刀的刀刃
不要向上
危險

好疼！

不要把餐刀
放進嘴裏

湯匙

右手拿湯匙

咕嘟……

放下叉子再喝

不要拿着叉子喝水

哎呀！

餐具掉了
不自己去撿
告訴侍應生
拿新的來
或用擺在桌上的餐具

西餐基本餐桌禮儀 2

餐桌的禮儀
以下三條最基本

① 自己吃得愉快

② 別讓別人不愉快

嘴裏嚼着
飯菜時
不要大聲説笑

哎，那個……

③ 防止意外事故

啊！

不要大幅度擺動胳膊

麵包

用手掰成
一口能吃下
的大小

把牛油放到
自己的
碟子裏
抹在麵包上吃

米飯

用叉子吃

湯

從近處
向遠處
舀着喝

這樣喝湯
即使濺出來了
不會弄髒衣服

湯快喝完時
左手將靠近
自己一側的
碟子邊稍稍
抬起繼續
用湯匙
舀着喝

把湯匙前端
放入口中
像咬湯匙
那樣
這樣喝湯
不會濺出
也不會
發出聲音

麵包		喝湯		違反禮儀！	
不要撿麵包碎就那麼放着	挑麵包時不要碰別的麵包	不要發出聲音	有把手的湯碗可直接拿着把手喝	滿嘴塞的都是食物	嚼東西時發出聲

呀溜……

沙拉

碗裝沙拉用叉子吃

碟裝沙拉用餐刀切成小塊
用叉子吃

甜品　吃蜜瓜

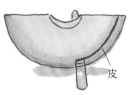

用刀從邊沿着皮
切到中間

切成一口
大小吃

吃完一邊
轉換方向
重複前面的動作

魚

把餐刀放進
骨頭和肉之間切

吃上面的肉

把餐刀放進骨頭和
下面的肉之間去掉骨頭吃

洗手碗

洗手碗送來後
按左圖放置

摸過蜜瓜的皮後
手上留有果汁
在洗手碗裏洗後
用餐巾擦乾

一隻手
一隻手地洗

肉

肉有兩種吃法

A. 用餐刀和叉子
一邊切成一口大小一邊吃。
這種吃法肉汁不會
一下子流出，好吃。

B. 一次把肉全部切成一口大小，
放下餐刀，換右手拿叉子吃。

吃完飯後

支在桌上吃飯	用手蘸或舔着吃撒在桌上的食物	喝洗手碗的水	舉碟子或舔碟子	把嘴頂在盤子上吃	安靜地等大家都吃完

好吃！

21

在中餐館

幫助拿不到菜的人夾菜

大碟裏的菜
按順序夾在
小碟裏
注意每人的
平均量
拿得稍微少
一點兒

如有轉盤
輕輕轉
選自己喜歡的菜

嘜嘜……

不要猛轉
不要來回轉

好啦！

用過的碟子
放在不影響
別人的地方

不要移動大碟子
轉動圓盤或分在
小碟裏

麵

將麵放在湯匙裏吃
湯就不會亂濺

只用湯匙吃不方便
容易亂濺

先用湯匙舀菜就比較容易吃了

湯

用湯匙喝湯

在拉麵館

啊！

盡量不要吃剩
按自己能吃的分量點菜

對不起

怎麼……

歡迎！

呀！

筷子不要舉得太高
否則麵湯會濺得到處都是

請問……

湯匙

燙的時候用湯匙
或分到小碟子裏吃

湯匙在日語叫蓮華

釋迦牟尼
坐在荷花上，
荷花日語
也叫蓮華。

因為
像荷花的
花瓣，
所以叫蓮華。

*釋迦牟尼——佛教的始祖

披薩

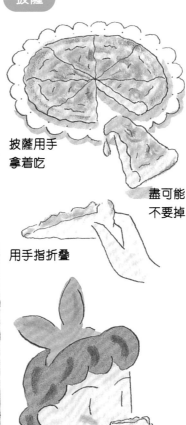

披薩用手
拿着吃

盡可能
不要掉

用手指折疊

好香!

不要沾到嘴周圍

用刀叉吃時切成小塊

意大利麵

用叉子挑起
3到4根麵

旋轉叉子

轉…
轉…

把麵捲在叉子上

如有湯匙
在湯匙上
轉麵

一口吃不下時用叉子接住

有貝類的意
大利麵

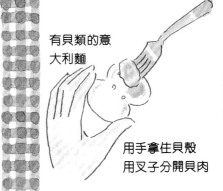

用手拿住貝殼
用叉子分開貝肉

漢堡包

好高！

咦？

上下可以分開吃

但是……
還是按住上下大口吃過癮！

啊嗚！

千層酥

放倒在碟子上
用叉子切開

用叉子叉着吃

泡芙

用刀叉吃時

切成一口大小

用餐刀把
流出來的奶油
抹在皮上吃

用手拿着吃時
洗乾淨手
小心奶油
流出來

冰淇淋甜筒

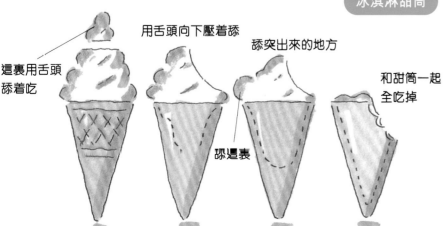

用舌頭向下壓着舔

舔突出來的地方

這裏用舌頭
舔着吃

和甜筒一起
全吃掉

舔過裏

25

TACOS
捲餅　墨西哥
注意餅裏的餡兒別掉出來

PAELLA
海鮮飯　西班牙
可以直接用手剝蝦殼
用叉子剝離貝肉

ROAST MEAT
烤肉　韓國
根據肉的種類有各種不同的吃法
烤好的牛肉用菜葉捲着吃

只釣夠吃的份量

不吃掉在地上的
東西

哎呀！

珍惜用水

野外用火時
一定要和大人在一起

準備一桶備用水

呼……呼……

不要任意
在野外生火
一定要在指定的場所
用完後恢復原狀

吃完再玩

不要把
吃的東西撒得
到處都是

把垃圾扔進垃圾箱
沒有垃圾箱時
把垃圾帶回家

啊……

公園

不要聚眾喧譁，不要亂扔垃圾

喝日本茶

① 把熱水倒入茶碗

燙茶具

② 把茶葉放入茶壺

①的熱水

③ 把熱水倒入茶壺

④ 倒進茶碗

用手托着茶碗底

用手摸過的點心不要剩下

⑤ 說一聲謝謝
用雙手拿起茶碗

喝茶時的禮節		茶碗蓋	倒茶的方法
不要撐開雙臂	喝時不要發出聲音	有蓋的茶碗 用右手打開蓋 把蓋反過來放	倒茶時 茶壺或茶瓶裏的 茶水不要剩 倒出最後一滴

喝抹茶

為什麼要轉茶碗？
端茶時，茶碗正面對着客人端來。
客人覺得對着正面喝很失禮，
就轉茶碗避免如此。

① 點頭致意
吃點心
可以直接
用手拿着吃

有些日式糕點
用竹扦子吃

② 輕輕地點頭致意
拿起茶碗

③ 從外側向內側
順時針
轉兩圈

④ 三口半喝完
喝不完時不勉強
可分幾次喝完

⑤ 喝過的地方
用拇指和食指
擦一下
然後用紙巾擦手

⑥ 和③相反
逆時針轉
使正面朝

喝紅茶

等茶葉展開後再喝……

將熱水倒入茶壺和茶杯
暖杯後倒掉

② 把一茶匙
（一個人的量）
的紅茶放入茶壺

③ 往茶壺倒入熱水
加蓋燜3至4分鐘

④ 通過濾茶器
倒入茶杯

⑤ 根據喜好
可加糖、
牛奶或檸檬片

喝 紅 茶 的 規 矩

不要把茶匙一直放在茶杯裏
攪拌時不要發出
碰撞的聲音

喝中國茶

大家一起喝的時候

① 把茶壺和茶碗
放在茶盤上
用熱水從上澆

② 把茶葉放進茶壺

③ 把沏好的茶
倒入茶海

茶海

④ 再由茶海
倒入茶杯

自己一個人喝的時候

① 把一小勺茶葉
放入茶碗

② 倒入開水
蓋上蓋子
燜一會兒

③ 等着茶葉下沉
用蓋留出縫隙喝

不要讓
香味跑掉

⑦ 謝謝
彎腰致禮

31

《這個時候怎麼辦？②餐桌禮儀》

峯村良子 繪著

唐亞明、崔穎 譯

國際統一書號（ISBN）：978-988-237-233-7

出版：香港中文大學出版社

　　　香港 新界 沙田・香港中文大學

　　　傳真：+852 2603 7355

　　　電郵：cup@cuhk.edu.hk

　　　網址：cup.cuhk.edu.hk

What Would You Do in This Situation? ② *Table Manner* (in Chinese)

　　By Ryôko Minemura

　　Translated by Tang Yaming and Cui Ying

Traditional Chinese edition © The Chinese University of Hong Kong 2021

Kodomo no Manâ Zukan 2 - Shokuji no Manâ
Original Edition © 2000 by Ryôko Minemura

First published in Japan in 2000 by KAISEI-SHA Publishing Co. Ltd., Tokyo
Traditional Chinese translation rights arranged with KAISEI-SHA Publishing Co. Ltd.
through Japan Foreign-Rights Centre/Bardon-Chinese Media Agency

All Rights Reserved.

ISBN: 978-988-237-233-7

Published by The Chinese University of Hong Kong Press

　　　The Chinese University of Hong Kong

　　　Sha Tin, N.T., Hong Kong

　　　Fax: +852 2603 7355

　　　Email: cup@cuhk.edu.hk

　　　Website: cup.cuhk.edu.hk

Printed in Hong Kong